バターなしでもとびきりおいしい

りんごの
お菓子レシピ

Apple Confectionery

吉川文子

Contents

4 りんごのお菓子の4つのルール
78 本書で使う道具
79 本書で使う材料

お菓子の素 base

6 りんごのコンポート
　りんごジャム
8 りんごのソテー
　りんごのクリームソテー
10 キャラメルりんご
　キャラメルクリームりんご
12 りんごの甘煮

パイ&タルト pie and tart

14 焼きりんごのオープンアップルパイ
15 りんごのガレット
18 アップルパイ
20 ポットキャラメルアップルパイ
22 りんごのタルト・タタン

24 **基本のパイ生地**

25 **基本のタルト生地**

26 アルザス風りんごのタルト
28 タルト・オ・ポム
30 りんごのタルト・オ・ショコラ

32 COLUMN
　りんごのお話

焼き菓子 & ケーキ
baked goods and cake

- 34 カルバドスのフルーツケーキ
- 36 アップルティーパウンドケーキ
  アップルキャラメルパウンドケーキ
- 37 アップルバナナブレッド
  アップルジンジャーブレッド
- 40 アップルキャロットマフィン
- 42 アップルローズ・メープルマフィン
  りんごのクランブルマフィン
- 43 コーヒーアップルマフィン
  アップルピーナッツバターマフィン
- 46 りんごのアップサイドダウンケーキ
- 48 りんごのキャラメルロールケーキ
- 49 りんごとラズベリーのトライフル
- 52 りんごのブロンディ
- 53 りんごのフォンダン・ショコラ
- 54 りんごのマドレーヌ
- 56 りんごとクランベリーのオートミールバー
  アップルスライスオートミールバー
- 58 アップルシナモンロールスコーン
- 59 りんごのジャムサンドクッキー
- 60 COLUMN
  かわいいラッピングのアイディア

デザート & ドリンク
dessert and drink

- 62 アップルコブラー
- 64 りんごのクランブル
  りんごのクラフティ
- 66 りんごの春巻き包み焼き
  りんごのココナッツ汁粉
- 68 クレープのキャラメルクリームりんご添え
  りんごのパンプディング
- 70 りんごのムース
- 71 りんごのジュレとソルベ
- 72 りんごの生キャラメル
- 74 りんごのパンケーキ
- 75 アップルハニーレモネード
  アップルホットワイン
- 76 アップルビネガードリンク
  アップルラッシー
- 77 アップルジンジャーエール
  アップルアールグレイ

Rules of apple confectionery

りんごのお菓子の4つのルール

❶ りんごの種類は紅玉がおすすめ

本書では、紅玉を使用することをおすすめしています。紅玉はりんごの種類の中でも香りや酸味が強く、加熱することでより存在感を発揮します。もちろん、ひと手間加えることで他の種類でもおいしく作れます。紅玉以外のりんごを使う場合には、レモン汁を小さじ1～2ほど加え、酸味を補いましょう。また、ふじは果肉が固いので、レシピの記載よりも小さめにカットして使ってください。

❷ バターなしで簡単＆おいしい

本書では扱いの難しいバターを使わずに、植物油を使ったお菓子をご紹介しています。パイ生地やタルト生地は、バターのように溶け出す心配がなく、生地を休ませる時間もかかりません。パウンドケーキやマフィンなら、バターを室温にもどす手間が省けます。ボウルひとつでいつでも手軽に、お菓子作りの初心者でも失敗なく作れます。また、簡単さだけでなく、そのおいしさにも驚くはず。軽やかでさっぱりとした生地が、りんごの風味を最大限に引き出します。

❸ バターなしでもおいしくつくるためのコツ

水分と油分をしっかりと混ぜ合わせ、乳化させるのがおいしさのコツです。乳化させることで、油が生地全体にまんべんなく行き渡り、食感や口溶けがよくなり、ふっくらとおいしそうに焼き上がります。また、バニラビーンズやバニラオイルで風味を補います。ヨーグルトや牛乳、生クリームを加え、コクやうま味を補いつつも軽くさっぱりとした味に仕上げるなど、バターを使わなくてもおいしく作るための工夫をしています。

❹ 「お菓子の素」でりんごのお菓子を簡単に

本書では生のりんごと7種類の「お菓子の素」をベースに、様々なりんごのお菓子をご紹介しています。どれもお鍋ひとつ、15分程度の時間で作れる簡単なレシピです。作り置けば、いつでも思い立ったときにりんごのお菓子を作ることができます。また、そのまま食べてもおいしいですし、アイスやパンケーキなどに添えるだけで立派なデザートになります。「お菓子の素」を活用して、色々なりんごのお菓子を楽しんでください。

◎本書のルール

- りんご1個はおよそ200～220gとしています。
- りんごの種類はなんでもかまいませんが、紅玉がおすすめです。
- オーブンの焼き時間、温度は目安です。機種により差があるので、様子を見ながら調節してください。
- 大さじは15㎖、小さじは5㎖としています。
- 指定のない場合、火加減は中火です。
- ひとつまみは、親指、人さし指、中指の3本の指でつまんだ量を目安にしています。
- 生クリームは乳脂肪分35～38％の低脂肪タイプを使用しています。
- 植物油は、サラダ油やごま油（焙煎していないもの）、なたね油など、くせのない油を使います。

お菓子の素 base

Compote りんごの**コンポート**

皮を一緒に煮ることで、りんごが美しいピンク色に染まります。
白ワインを加えて上品で大人っぽい味わいに仕上げました。

材料（りんご3個分）

りんご（あれば紅玉）	3個
A { 水	600g
白ワイン	150g
グラニュー糖	150g
レモン汁	10g
バニラビーンズ	1/2本

下準備
- りんごは縦半分に切って芯を除き、皮をむいてレモン汁を加えた水（ともに分量外）に5分ほど浸す。皮は取っておく。
- バニラビーンズは縦半分に切り開き、中から種をしごき出し、さやとともに取っておく。

作り方

1 鍋にAとりんご、りんごの皮を入れて中火で煮立たせる。あくを取り除き、オーブンシートで落としぶたをして弱火にし、15〜20分ほど煮る。竹串がりんごにスッと通り、透き通ってきたら火を止める。

2 そのまま冷まし、煮汁と皮、バニラの種をさやごと保存容器に移す。

保存 | 冷蔵で1週間（冷凍保存も可）

Jam りんご**ジャム**

食感と酸味を程よく残し、りんごの持ち味を生かします。
このまま食べるのはもちろん、いろいろなお菓子にも使えます。

材料（約600g分）

りんご（あれば紅玉）	3個
レモン汁	大さじ1
グラニュー糖	250g

下準備
- りんごは芯を除き、皮つきのまま5mm厚さのいちょう切りにする。
- 保存瓶を煮沸消毒しておく。

作り方

1 鍋にすべての材料を入れ、混ぜる。

2 グラニュー糖が全体に行き渡ったら、弱めの中火にかけ、ふたをして約10分煮る。途中で汁気が出てきたら混ぜる。

3 ふたを取って混ぜながら、煮汁が少し残り、とろみがつくまで煮る。

4 熱いうちに保存瓶に詰めてふたを閉める。

保存 | 冷蔵で1か月（冷凍保存も可）

Sauté

Cream Sauté

お菓子の素
base

りんごの**ソテー**

シナモンとラム酒の香る大人風味のソテーです。
アイスクリームなどに添えれば立派なデザートに。

材料（約 400g 分）

りんご（あれば紅玉）	3個
植物油	大さじ1
グラニュー糖	70g
シナモンパウダー	少々
ラム酒	小さじ1

下準備

- りんごは芯を除いて皮をむき、縦6等分に切る。
- バットにオーブンシートを敷いておく。
  → 敷かないと、りんごの表面がくっついてはがれるので注意。

作り方

1. フライパンに植物油を入れて熱し、りんごを炒める。全体に油が回ったらグラニュー糖を加えて混ぜる。汁気が出てきたらシナモンパウダーを加え、ふたをして7〜8分中火にかける。

2. ふたを取ってラム酒をふり、強火にして水分がなくなるまで煮る。バットにあけて冷まし、保存容器に移す。

保存 | 冷蔵で1週間（冷凍保存も可）

りんごの**クリームソテー**

クリームのやさしい甘さに、りんごが程よい酸味をプラス。
バニラの甘い香りがいろいろなお菓子によく合います。

材料（約 450g 分）

りんご（あれば紅玉）	3個
植物油	大さじ1
グラニュー糖	70g
バニラビーンズ	1/4本
生クリーム	70g

下準備

- りんごは芯を除いて皮をむき、縦12等分に切る。
- バニラビーンズは縦半分に切り開き、中から種をしごき出し、さやとともに取っておく。

作り方

1. フライパンに植物油入れてを熱し、りんごを炒める。全体に油が回ったら、グラニュー糖とバニラの種とさやを加えて混ぜる。汁気が出てきたらふたをして7分ほど中火にかける。

2. ふたを取って2〜3分炒める。りんごがだんだん透き通って飴をまとったようになり、汁気がほとんどなくなったら、生クリームを一度に加え混ぜる。

3. 汁気が少し残る程度まで煮詰めたら火を止める。バットにあけて冷まし、保存容器に移す。

保存 | 冷蔵で1週間（冷凍保存も可）

Caramel

Caramel Cream

お菓子の素 / base

Caramel キャラメルりんご

鍋から目を離さずに、美しい黄金色に仕上げましょう。
キリッとしたほろ苦さが、お菓子のアクセントに最適です。

材料（約450g分）

りんご（あれば紅玉）	3個
水	70g
グラニュー糖	140g
シナモンパウダー	少々
カルバドス（ラム酒でも可）	大さじ1

下準備

□ りんごは芯を除いて皮をむき、8mm厚さのいちょう切りにする。

作り方

1 水、グラニュー糖の順に鍋に入れ、強めの中火にかけながらときどき鍋をゆする。グラニュー糖が溶けて煙が出始め、キャラメル色になったら火を止める。

2 1にりんごを加えて再び中火にかけ、シナモンパウダーを加え、りんごの角が取れてしんなりしてくるまで煮る。

3 カルバドスを加えてひと煮立ちさせ、煮汁がほとんどなくなったら火を止める。バットにあけて冷まし、保存容器に移す。

保存 | 冷蔵で1週間（冷凍保存も可）

Caramel Cream キャラメルクリームりんご

ほろ苦いキャラメルりんごに、クリームのまろやかさを加えました。
こっくりと深い味わいです。

材料（約550g分）

りんご（あれば紅玉）	3個
水	70g
グラニュー糖	140g
バニラビーンズ	1/3本
ラム酒	大さじ1/2
生クリーム	140g

下準備

□ りんごは芯を除いて皮をむき、8mm厚さのいちょう切りにする。
□ バニラビーンズは縦半分に切り開き、中から種をしごき出し、さやとともに取っておく。

作り方

1 水、グラニュー糖の順に鍋に入れ、強めの中火にかけながらときどき鍋をゆする。グラニュー糖が溶けて煙が出始め、キャラメルりんごよりもやや濃いめのキャラメル色になったら火を止める。

2 1にりんごを加えて再び中火にかけ、バニラの種とさやを加え、りんごの角が取れてしんなりしてくるまで煮る。

3 汁気がなくなったらラム酒を加え混ぜ、生クリームを加える。混ぜながら、煮汁を飛ばすように炒め煮にし、煮汁が少し残る程度になったら火を止める。バットにあけて冷まし、保存容器に移す。

保存 | 冷蔵で1週間（冷凍保存も可）

お菓子の素 base

Sweet Pot

りんごの甘煮

旬のりんごを使えば、シンプルな配合でも
とびきりおいしくでき上がります。
シナモンの香りがアクセントになります。

材料（約450g分）
りんご（あれば紅玉）……………… 3個
グラニュー糖 ……………………… 80g
シナモンパウダー ………………… 少々

下準備
□ りんごは芯を除いて皮をむき、8mm厚さのいちょう切りにする。

作り方

1. すべての材料を鍋に入れて混ぜ、5分ほどおく。グラニュー糖が溶けてりんごから水分が出てくる。

2. ふたをして中火にかけて5分煮る。全体を混ぜ、再びふたをして弱火で5分煮込む。

3. 煮汁がふつふつと泡状になって沸き上がってきたら、ふたを取り、強めの中火にして混ぜながら3〜4分、煮汁がなくなるまで煮る。

4. バットにあけて冷まし、保存容器に移す。

保存 | 冷蔵で1週間（冷凍保存も可）

パイ & タルト
pie and tart

りんごのお菓子といって多くの人が思い浮かべるのが
アップルパイではないでしょうか。
りんごは、パイやタルト生地との相性が抜群です。

焼きりんごのオープンアップルパイ

りんごそのままの大胆なフォルムに、歓声が上がりそう。
シナモンシュガーの香り高い甘さが絶妙です。

りんごのガレット

りんごの食感と甘酸っぱさが程よく残った焼き上がりです。
さっくり薄い生地で、いくらでも食べられそう。

焼きりんごのオープンアップルパイ

材料（直径18cmの円形1台分）

- りんご（あれば紅玉） …… 2個
- パイ生地（→ p.24） …… 165g
- シナモンペースト
  - きび砂糖 …… 30g
  - シナモンパウダー …… 小さじ1/4
  - 植物油 …… 大さじ1
- ココナッツファイン …… 大さじ2
- 溶き卵 …… 適量
- シナモンスティック …… 1本

下準備

- りんごは縦半分に切って芯をくりぬく。
- オーブンを190℃に予熱する。

作り方

1. 天板にアルミ箔とオーブンシートを重ねて敷き、その上にりんごの断面を上にしてのせる。アルミ箔とオーブンシートの四辺を2cmほど上に折り曲げて縁を作る（**a**）。

2. シナモンペーストの材料を混ぜ合わせ、りんごの芯をくりぬいた部分に詰める。予熱したオーブンで20分焼く。

3. 焼き上がったらりんごを取り出し、煮汁を容器に集めておく（**b**）。

4. パイ生地をオーブンシートの上にのせ、ラップを上からかぶせ、麺棒で直径20cmの円形に延ばす。ラップをはずしてココナッツファインを散らし、縁から4cmほど内側に、**3**のりんごを皮を上にして置く。周りの生地をオーブンシートごと折り曲げ、りんごを囲むようにして成形する。最後に生地をりんごにしっかりと押し付ける（**c**）。

5. 生地の部分にはけで溶き卵を塗り、**3**で取り置いた煮汁大さじ1をりんごの上からかけ、200℃のオーブンで30分焼く。

6. 焼き上がったらケーキクーラーの上に移して粗熱を取る。仕上げにシナモンスティックを飾る。

アルミ箔に縁を作ることで、焼いているうちに汁が流れ出ないようにする。

焼いているうちに出た汁にもりんごのうま味がつまっているので、残さず集める。

オーブンシートごと生地を折ると、指のあとが残らずきれいに仕上がる。

りんごのガレット

材料（直径22cmの円形1台分）

りんご（あれば紅玉）	1個
パイ生地（→p.24）	165g
あんずジャム	大さじ1
植物油	小さじ1と1/2
グラニュー糖	大さじ1
シナモンパウダー	少々
粉糖	適量

下準備

- りんごは縦半分に切って芯を除き、皮つきのまま1〜2mm厚さにスライスし、ペーパータオルで水気を拭き取る。
- グラニュー糖とシナモンパウダーを混ぜ合わせておく。
- オーブンを210℃に予熱する。

作り方

1. パイ生地をオーブンシートの上にのせ、ラップをかぶせて麺棒で直径22cmの円形に延ばし（**a**）、フォークで全体に穴を開ける。

2. あんずジャムをパイ生地全体に塗り広げ、外側からりんごを少しずつ重ねながら、放射状に並べる（**b**）（**c**）。はけで、りんごの上から全体に植物油を塗る。グラニュー糖とシナモンパウダーをふり、予熱したオーブンで25分焼く。途中焦げそうになったら様子を見ながら170〜180℃に温度を下げる。

3. 焼き上がったらケーキクーラーの上に移して粗熱を取る。茶こしで粉糖をふるいかける。

a 麺棒を中心から外側に向かって動かしながら、少しずつ生地を延ばしていく。

b りんごが重なりすぎると火の通りが悪くなるので、端だけを重ねるように並べる。

c 外側から内側に2周並べ、隙間のないよう放射状に仕上げると美しく仕上がる。

アップルパイ

ねじり飾りでいつものアップルパイも新鮮な装いに。
クリームソテーのやさしい甘酸っぱさを存分に楽しめます。

パイ & タルト
pie and tart

クリーム
ソテー
▶p.9

材料（直径20cmの円形1台分）
りんごのクリームソテー（➡p.9）………… 450g
パイ生地（➡p.24）
　…………… 330g（基本の2倍量で作る）
溶き卵 ……………………………………… 適量

下準備
☐ りんごのクリームソテーの汁気を軽く切る。
☐ オーブンを210℃に予熱する。

作り方
1. パイ生地を2等分し、それぞれ別のオーブンシートの上にのせる。ラップを上からかぶせ、麺棒で一方は直径22cmの円形に（**a**）、もう一方は20×16cmの長方形に延ばす。長方形の生地は、2cm幅の帯状8本に切り分ける（**b**）。

2. 直径22cmのパイ生地の上にりんごのクリームソテーを縁から3cm内側までのせてならす（**c**）。帯状のパイ生地を1本ずつねじりながらのせ（**d**）、下の生地を内側に折り曲げて縁をとじる（**e**）。はけで表面に溶き卵を塗る。

3. 予熱したオーブンに入れ、途中で温度を下げながら35分焼く。
   （目安は210℃で10分→180℃で15分→170℃で10分）

a

麺棒を中心から外側に向かって動かしながら、少しずつ生地を延ばしていく。

b

20×16cmの長方形に延ばした生地は飾り付けに使う。2cm幅の帯状8本に切り分ける。

c

生地の縁は最後に折り曲げるので、3cm残して内側にクリームソテーをのせる。

d

帯状の生地は3回ほどゆるくねじり、8本並べてのせる。

e

縁をとじるときは、シートごとパイ生地を折るときれいに仕上がる。

パイ & タルト
pie and tart

ポットキャラメルアップルパイ

香ばしく焼けたパイをくずし、
熱々のりんごにからめていただきます。
クリームやアイスを添えると、たまらないおいしさに。

キャラメル
クリーム
▶p.11

材料（長径18cm × 短径12cmの楕円形耐熱皿1台分）
キャラメルクリームりんご（➡ p.11） …… 250g
パイ生地（➡ p.24） ……………………… 100g
溶き卵 …………………………………… 適量

下準備
☐ オーブンを220℃に予熱する。

作り方

1 耐熱皿にキャラメルクリームりんごを入れて広げる。

2 パイ生地をオーブンシートの上にのせ、ラップを上からかぶせ、麺棒で耐熱皿よりも一回り大きく延ばす。ラップをはずす。

3 **1**の上に**2**をかぶせ、皿の縁にパイ生地を密着させる（**a**）。はけで表面に溶き卵を塗り、予熱したオーブンで25分焼く。220℃で焼き始めて15分たったら、温度を180℃に下げて10分焼く。

a

指先で皿の縁にパイ生地を押し付けると、しっかりと密着する。密着させることで蒸し焼きの状態になる。

21

りんごのタルト・タタン

キャラメルの風味が香ばしい、フランスの伝統菓子です。
じっくりと焼くことで、りんごがとろけるような舌触りに。

ソテー
▶ p.9

材料（口径18cmのマンケ型〈あるいは直径15cmのスポンジ型〉1台分）

りんごのソテー（➡ p.9）	400g
パイ生地（➡ p.24）	100g
キャラメルソース	
水	20g
グラニュー糖	60g

下準備
- オーブンを190℃に予熱する。
- りんごのソテーの汁気を軽く切る。

作り方

1　キャラメルソースを作る。水、グラニュー糖の順に小鍋に入れて強めの中火にかけ、鍋をゆすりながらグラニュー糖を溶かす。煙が出始め、キャラメル色になったらすぐに型に流し入れ、固まるまで冷ましておく（**a**）。

2　1の上にりんごのソテーを隙間なく放射状に並べる（**b**）。

3　パイ生地をオーブンシートの上にのせ、その上からラップをかぶせ、麺棒で直径20cmの円形に延ばす。延ばしたパイ生地はオーブンシートとラップごと半分に折り、オーブンシートだけをはがす（**c**）。

4　2の上に3をかぶせ、型の側面にパイ生地を密着させて、ラップをはずす（**d**）。フォークで全体に穴を開け（**e**）、予熱したオーブンで40分焼く。

5　焼き上がったらケーキクーラーの上に移し、粗熱が取れたら型からはずす。完全に冷めると型からはずれにくくなる。

a

キャラメルソースは冷めると固まってしまうので、熱いうちに型へ流し込む。

b

りんごの芯の部分を上にして放射状に並べる。隙間があると型からはずしたときにくずれてしまうので、隙間なく並べる。

c

半分に折るときは、オーブンシートごと扱うことで生地がくずれない。

d

ラップごとパイ生地を開き、型の側面に押し付けて密着させ、ラップをはずす。

e

焼いている間にふくらんでくるのをふせぐため、フォークで生地全体に穴を開ける。

Basic pie dough

基本のパイ生地

1つのボウルで混ぜ合わせるだけ。バターなしで扱いやすく、休ませる時間もかかりません。
水分と油をしっかりと乳化させてから粉と合わせるのがコツです。倍量作るときも作り方は同じです。

材料（でき上がり約165g分）

A ┌ 薄力粉 ……………………………… 100g
  │ きび砂糖 …………………………… 小さじ1
  │ 塩 …………………………………… 小さじ1/4
  └ ベーキングパウダー ……………… 小さじ1/4

B ┌ 牛乳 ………………………………… 10g
  │ 水 …………………………………… 15g
  └ 植物油 ……………………………… 35g

下準備
□ Aを合わせてふるい、ボウルに入れる。

作り方

1 Aをカードで外側に寄せて中心にくぼみを作り、Bを順に加える。

2 Bの部分を泡立て器でとろりと乳化するまでよく混ぜる。粉が多少混ざってしまっても構わない。

3 ボウルを回しながら、カードで周りの粉をBにかぶせるようにして混ぜる。

4 粉が半分くらい混ざったら、カードについた生地を指でぬぐい、カードで全体を切るようにして混ぜる。

5 粉気がほとんどなくなり、全体がしっとりしてきたら生地をまとめ、カードで生地を半分に切る。

6 半分にした生地を重ねて、軽く手で押さえる。全体にしっとりまとまるまで、3〜4回繰り返す。生地は休ませずにすぐに使う。

Basic tart dough

基本のタルト生地

作り方はパイ生地と同じ。水分と油を乳化さえさせれば、失敗知らずです。
アーモンドパウダーが入ることで、より香ばしく、サクサクとした仕上がりに。

材料（でき上がり約175g分）

A ┌ 薄力粉 ………………………… 80g
  │ アーモンドパウダー ………… 20g
  │ きび砂糖 ……………………… 20g
  │ 塩 ……………………………… ひとつまみ
  └ ベーキングパウダー ………… ひとつまみ

B ┌ 牛乳 …………………………… 20g
  └ 植物油 ………………………… 35g

下準備
☐ Aを合わせてふるい、ボウルに入れる。

作り方

1 Aをカードで外側に寄せて中心にくぼみを作り、Bを順に加える。

2 Bの部分を泡立て器でとろりと乳化するまでよく混ぜる。粉が多少混ざってしまっても構わない。

3 ボウルを回しながら、カードで周りの粉をBにかぶせるようにして混ぜる。

4 粉が半分くらい混ざったら、カードについた生地を指でぬぐい、カードで全体を切るようにして混ぜる。

5 粉気がほとんどなくなり、全体がしっとりしてきたら生地をまとめ、カードで生地を半分に切る。

6 半分にした生地を重ねて、軽く手で押さえる。全体にしっとりまとまるまで、3～4回繰り返す。生地は休ませずにすぐに使う。

アルザス風りんごのタルト

卵と生クリームのアパレイユがなめらかな、フランス・アルザス地方のりんごのタルトです。
ふわりと香るカルバドスが、大人の隠し味。

パイ & タルト
pie and tart

フレッシュ

材料（直径18cmのタルト型1台分）
りんご（あれば紅玉） ……………………… 1個
タルト生地（→ p.25） ………………… 175g
アパレイユ
　溶き卵 …………………………………… 1個分
　グラニュー糖 …………………………… 30g
　プレーンヨーグルト …………………… 20g
　生クリーム ……………………………… 30g
　カルバドス（ラム酒でも可） ……… 小さじ1
　バニラオイル …………………………… 少々
グラニュー糖 ……………………………… 大さじ1

下準備
□ りんごは芯を除いて皮をむき、縦12等分に切る。りんごが大きければ、14〜16等分に切ってもよい。
□ オーブンを190℃に予熱する。

作り方

1 タルト生地をオーブンシートの上にのせ、ラップを上からかぶせ、麺棒で直径20cmの円形に延ばす。型に敷き込み、縁は指で軽く密着させる（**a**）。麺棒を型の上で転がして余分な生地を切り落とす（**b**）。底にフォークで全体に穴を開け（**c**）、予熱したオーブンで10分空焼きする（おもしは不要）。途中、生地の底がふくらんできたら、フォークで刺して空気を抜く。型ごと取り出す。

2 アパレイユの材料を順にボウルに加え、混ぜ合わせる。

3 **1**にりんごを並べ（**d**）、りんごの上にグラニュー糖をふる。**2**をりんごの上から回しかけ（**e**）、190℃に予熱したオーブンで30分焼く。

4 焼き上がったら、型ごとケーキクーラーの上に移し、粗熱が取れたら型をはずす。

a 生地を敷き込み、側面を指で軽く押さえて密着させる。

b 型の上で麺棒を転がすようにすると、余分な生地がきれいにはずれる。焼き縮みするので、側面を指で押し上げて高さを出すとよい。

c 底にフォークでまんべんなく穴を開ける。火の通りがよくなり、膨らみも防げる。

d りんごは外側から立てかけるようにして隙間なく並べると、くずれずきれいに仕上がる。

e 型を天板にのせてからアパレイユを回しかけると、移動の際にこぼれにくい。

タルト・オ・ポム

ザクっと香ばしいタルト生地に、生のまま焼いたりんごの甘酸っぱさがベストマッチ。
カジュアルに片手で食べたくなる味わいです。

フレッシュ

材料（23×13cmの長方形1台分）

- りんご（あれば紅玉） ………… 1個
- タルト生地（→ p.25） …………… 175g
- クレーム・ダマンド
  - A
    - 溶き卵 ……………………… 15g
    - グラニュー糖 ……………… 10g
    - 植物油 ……………………… 10g
    - アーモンドパウダー ……… 10g
    - バニラオイル ……………… 少々
    - ラム酒 …………………… 小さじ1/2
  - B
    - 薄力粉 …………………… 小さじ1
    - ベーキングパウダー ……… ひとつまみ
- グラニュー糖 ………………… 大さじ1
- 植物油 ………………………… 大さじ1/2

下準備

- □ りんごは芯を除いて皮をむき、縦半分に切って2mm厚さにスライスする。
- □ Bを合わせてふるう。
- □ オーブンを200℃に予熱する。

作り方

1 タルト生地をオーブンシートの上にのせ、ラップを上からかぶせ、麺棒で25×15cmの長方形に延ばす。縁を1cm内側に折り、ナイフを斜めに当てて模様をつける（**a**）。

2 クレーム・ダマンドを作る。**A**を順にボウルに入れて泡立て器で混ぜる。**B**を加え、ゴムべらに替えて粉気がなくなるまで混ぜる。

3 **1**に**2**を広げ、縁から1cm残して全体に延ばす。りんごを横に広げてのせ、3列に並べる（**b**）。

4 りんごの上にグラニュー糖をふり、植物油を回しかけ、予熱したオーブンで30分焼く。

5 焼き上がったら、ケーキクーラーの上に移して粗熱を取る。

a

ナイフを軽く当てるようにして模様をつける。浅いと焼いているうちに消えてしまうので、切れない程度にしっかりと模様を残す。

b

りんごは完全に重ならないよう、少しずつずらしながら横に広げてのせ、3列に並べる。

りんごのタルト・オ・ショコラ

コーヒーと一緒に楽しみたい、濃厚なチョコレートのタルト。
キャラメルりんごのほろ苦さに、つい「もうひと口」が進みます。

キャラメル
▶ p.11

材料（直径18cmのタルト型1台分）

キャラメルりんご（➡ p.11） ……… 150g
タルト生地（➡ p.25） ……………… 175g
アパレイユ
　┌ スイートチョコレート
　│ 　（カカオ分55〜58％） ……… 100g
　│ 生クリーム …………………………… 50g
　│ 溶き卵 ……………………………… 1個分
　│ カルバドス（ラム酒でも可）
　└ ……………………………………… 大さじ1/2

下準備

□ チョコレートを刻む。
□ オーブンを190℃に予熱する。

作り方

1 タルト生地をオーブンシートの上にのせ、ラップを上からかぶせ、麺棒で直径20cmの円形に延ばす。（p.27 **a**〜**c**を参考に）型に敷き込み、縁は指で軽く密着させる。麺棒を型の上で転がして余分な生地を切り落とす。底にフォークで全体に穴を開け、予熱したオーブンで15分空焼きする（おもしは不要）。途中、生地の底がふくらんできたら、フォークで刺して空気を抜く。型ごと取り出し、オーブンの温度を170℃に下げる。

2 アパレイユを作る。チョコレートを湯煎か電子レンジで溶かす。生クリームは沸騰直前まで、小鍋で温めておく。溶かしたチョコレートに生クリームを少しずつ加え、泡立て器で混ぜたら、溶き卵を3回に分けて加えながら混ぜ、もったりと均一になるまで乳化させる。カルバドスを加え混ぜる。

3 キャラメルりんごを**1**の底に並べ、**2**を流し入れる。170℃のオーブンで12分焼く。

4 焼き上がったら、型ごとケーキクーラーの上に移し、粗熱が取れたら型をはずす。

りんごのお話

　りんごの季節になり、真っ赤なりんごがずらりと店頭に並ぶと、「さあ、何のお菓子を作ろう！」と、ワクワクしてしまいます。

　そのまま食べても美味しいりんごは、火を通すことで食感や味わいが変わるので、お菓子に使う食材として、とても魅力的な存在です。

　スパイスをしっかり効かせたアメリカンアップルパイ、キャラメルの風味豊かなフランスのタルト・タタン、フレッシュなりんごをふんだんに焼き込んだ、ドイツのアップルクーヘンなど、世界中で愛されているりんごのお菓子は多種多様で奥が深く、次はどんなレシピにしようか、と考えるのも楽しい時間です。

　シナモンやジンジャー、バニラなど、スパイスやお酒と相性のよいりんごは、風味づけのバリエーションが楽しめますし、ヨーグルトや生クリームなど、乳製品が加わると、酸味が和らいで優しい味になる一方、コーヒーやキャラメルと合わせると、今度は力強さを発揮します。また、りんごと同じバラ科のベリー類やアプリコットなどと合わせると、上品な味に仕上がります。

　作るほどにその魅力にひき込まれてしまうのが、りんごのお菓子なのです。

　その日の気分や、おうちにある素材に合わせて、色々なりんごのお菓子を楽しんでいただけたら嬉しいです。

　難しいコツはいりません。どこの国でも、りんごのお菓子は家庭のための優しいお菓子。思い立ったらすぐに作れるものばかりです。ワクワクした気分で、りんごを手に取ってくださいね！

焼き菓子&ケーキ
baked goods and cake

「お菓子の素」を使いこなすと、
アイデア次第で焼き菓子から生菓子まで、
りんごはいろいろなタイプのお菓子に活用できます。

カルバドスのフルーツケーキ

りんごのお酒、カルバドスをたっぷり使ったフルーツケーキ。
フルーティな香りが口いっぱいに広がります。

焼き菓子 & ケーキ
baked goods and cake

フレッシュ

材料（18×8.5×6cmのパウンド型1台分）

卵	1個
きび砂糖	60g
はちみつ	20g
植物油	70g
牛乳	20g
A 薄力粉	100g
アーモンドパウダー	20g
ベーキングパウダー	小さじ1
シナモンパウダー	小さじ1/4
ナツメグパウダー	少々
クローブパウダー	少々
B りんご（あれば紅玉）	100g
レーズン	30g
カルバドス（ラム酒でも可）	大さじ2
ココナッツファイン	20g
カルバドス（仕上げ用・ラム酒でも可）	大さじ1

下準備

- りんごは芯を除いて皮をむき、粗みじん切りにする。レーズンは熱湯にくぐらせ、水気を切る。
- Bのりんごとレーズンを合わせてボウルに入れ、カルバドスをふって混ぜ、10分以上おく。
- Aを合わせてふるう。
- 型にオーブンシートを敷き込む。
- オーブンを180℃に予熱する。

作り方

1. 卵ときび砂糖、はちみつをステンレス製のボウルに入れて泡立て器で混ぜ、ごく弱火にかけるか湯煎して混ぜながらきび砂糖を溶かし、人肌に温める（**a**）。

2. 火からおろし、植物油を数回に分けて加えながら、泡立て器で混ぜ、とろりとして均一になるまで乳化させる（**b**）。牛乳を加えて混ぜる。

3. Aを一度に加え、泡立て器で中心からぐるぐると混ぜる（**c**）。

4. 粉気がほとんどなくなったら、Bとココナッツファインを加え、ゴムべらに持ち替えてむらがなくなるまで混ぜる（**d**）（**e**）。

5. 準備した型に4を流し入れ、オーブンシートの四隅を広げて生地を隅々まで行き渡らせる。型を低い位置から台の上に数回落とし、中の空気を抜く。予熱したオーブンで40分焼く。

6. 焼き始めから7〜8分たって生地の表面が乾いたら、中心にナイフで1本切れ目を入れる。生地がきれいに割れやすくなる。

7. 焼き上がったらオーブンシートごと型から出し、ケーキクーラーの上に移す。熱いうちに仕上げ用のカルバドスをはけで全体に塗る。

a

きび砂糖を溶かすため、ごく弱火にかけるか湯煎して混ぜる。高温だと卵が固まってしまうため、人肌に保つ。

b

植物油を数回に分けて少しずつ加え、その都度よく混ぜる。油が分離せず全体になじみ、とろりとしてきたら乳化した状態。

c

粉類を加え、中心から外へ円を大きくしていくように混ぜる。泡立て器に粉がこもったら、上に持ち上げ、中の粉をふり落とす。

d

粉気がほとんどなくなり、全体が均一になじんだらフルーツ類とココナッツファインを加える。

e

生地を切るように混ぜる。混ぜすぎに注意する。具が均等に行き渡ればよい。

アップルティーパウンドケーキ

りんごのジャムとジュースを生地に混ぜ、しっとりとフルーティに仕上げます。
生地に加える茶葉は香り高いアールグレイがおすすめ。

アップルキャラメル
パウンドケーキ

柔らかく煮たりんごをさらにペーストにして
加えることで、しっとりとした焼き上がりに。
キャラメルのほろ苦さが、りんごの風味を引き立てます。

アップルジンジャーブレッド

ジンジャーとシナモンがピリッと香る、大人のパウンドケーキ。
温かい飲み物と合わせれば、心もほっと温まります。

アップル
バナナブレッド

りんごとバナナがたっぷり入って、
フルーティで食べごたえ抜群。
朝ごはんにもぴったりです。

パウンドケーキの基本の作り方

（p.35のa～eも参考に）
それぞれのパウンドケーキに
共通の作り方です

共通の下準備
□ Aを合わせてふるう。
□ 型にオーブンシートを敷き込む。
□ オーブンを180℃に予熱する。

作り方

1 卵と砂糖をステンレス製のボウルに入れて泡立て器で混ぜ、ごく弱火にかけるか湯煎して混ぜながら砂糖を溶かし、人肌に温める。

2 火からおろし、植物油を数回に分けて加えながら、泡立て器で混ぜ、とろりとして均一になるまで乳化させる。

3 Aを2に一度に加え、泡立て器で中心からぐるぐると混ぜる。泡立て器に粉がこもったら、上に持ち上げ、中の粉をふり落とす。

4 粉気がほとんどなくなったら、ゴムべらに持ち替えてむらがなくなるまで混ぜる。

5 準備した型に4を流し入れ、オーブンシートの四隅を広げて生地を隅々まで行き渡らせる。型を低い位置から台の上に数回落とし、中の空気を抜く。

6 焼き上がったらオーブンシートごと型から出し、網の上に移して粗熱を取る。

アップルティーパウンドケーキ

ジャム ▶p.7

材料（18×8.5×6cmのパウンド型1台分）

りんごジャム（→p.7）	50g
卵	1個
グラニュー糖	60g
植物油	70g
プレーンヨーグルト	20g
りんごジュース（果汁100%）	40g
A ┌ 薄力粉	130g
└ ベーキングパウダー	小さじ1
紅茶のティーバッグ（アールグレイ）	1袋
りんご（あれば紅玉）	1/2個

下準備
□ ティーバッグから茶葉を取り出し、Aと混ぜておく。
□ りんごは芯を除き、皮つきのまま3mm厚さのくし形にスライスする。

作り方

基本の作り方1、2の後に、ヨーグルト、りんごジュース、りんごジャムを順に加え混ぜる。

3、4、5の後に、生地の上にりんごを並べ、予熱したオーブンで35分焼く。

焼き菓子 & ケーキ
baked goods and cake

アップルキャラメルパウンドケーキ

キャラメルクリーム ▶ p.11

材料（18×8.5×6cmのパウンド型1台分）
キャラメルクリームりんご
（生地用 ➡ p.11） ……………… 100g
卵 …………………………………… 1個
グラニュー糖 ……………………… 70g
植物油 ……………………………… 60g
バニラオイル ……………………… 少々
A ┌ 薄力粉 ………………………… 100g
  │ アーモンドパウダー ………… 20g
  └ ベーキングパウダー ……… 小さじ1
キャラメルクリームりんご
（仕上げ用 ➡ p.11） ……………… 80g

下準備
□ 生地用のキャラメルクリームりんごは、フードプロセッサーなどでペースト状にする。

作り方
基本の作り方**1**、**2**の後に、ペースト状にしたキャラメルクリームりんごとバニラオイルを加え混ぜる。
3、**4**、**5**の後に、予熱したオーブンで30分焼く。
6の後に、仕上げ用のキャラメルクリームりんごを上にのせる。

アップルジンジャーブレッド

フレッシュ

材料（18×8.5×6cmのパウンド型1台分）
りんご（あれば紅玉） ……… 1/4個（正味50g）
卵 …………………………………… 1個
きび砂糖 …………………………… 70g
はちみつ …………………………… 10g
植物油 ……………………………… 70g
プレーンヨーグルト ……………… 20g
A ┌ 薄力粉 ………………………… 120g
  │ ベーキングパウダー ……… 小さじ1
  │ ジンジャーパウダー ……… 小さじ1
  └ シナモンパウダー ……… 小さじ1/3

アップルバナナブレッド

フレッシュ

材料（18×8.5×6cmのパウンド型1台分）
卵 …………………………………… 1個
きび砂糖 …………………………… 70g
植物油 ……………………………… 60g
バナナ ………………… 小1本（生地用、正味80g）
牛乳 ………………………………… 20g
A ┌ 薄力粉 ………………………… 100g
  │ ナツメグパウダー ………… 小さじ1/4
  └ ベーキングパウダー ……… 小さじ1
B ┌ りんご（あれば紅玉） …… 1/3個（正味70g）
  │ メープルシロップ ………… 大さじ1
  └ ココナッツファイン ……… 10g
バナナ（トッピング用） …………… 1/2本

下準備
□ 生地用のバナナは皮をむいてフォークでつぶす。トッピング用は5mm厚さにスライスする。
□ りんごは芯を除き、皮つきのまま5mm幅の細切りにし、メープルシロップとココナッツファインを加え混ぜる。

作り方
基本の作り方**1**、**2**の後につぶしたバナナと牛乳を順に加え、混ぜる。
3の後、**4**で粉気がなくなったら**B**を加える。**B**の汁気は、ココナッツファインが吸い取ってくれる。
5の後に、トッピング用のバナナのスライスをのせ、予熱したオーブンで35分焼く。

下準備
□ りんごは芯を除いて皮をむき、すりおろす。皮は取っておく。

作り方
基本の作り方**1**で砂糖とともにはちみつも加える。
2の後に、ヨーグルトとりんごのすりおろしを順に加え混ぜる。
3、**4**、**5**の後に、りんごの皮を何本かに切ってのせ、予熱したオーブンで35分焼く。

アップルキャロットマフィン

すりおろしたりんごとにんじんのたっぷり入ったヘルシーなおやつです。
サワークリーム入りの爽やかなホイップクリームが、にんじんの甘みを引き立てます。

焼き菓子 & ケーキ
baked goods and cake

フレッシュ

材料（6個分〈直径7cmの6連のマフィン型1個分〉）

- りんご ………………… 1/4個（正味50g）
- A
  - 卵 ………………………………… 1個
  - きび砂糖 ……………………… 80g
- 植物油 ………………………………… 65g
- B
  - プレーンヨーグルト ……… 20g
  - にんじん ………… 1/2本（正味50g）
- C
  - 薄力粉 ……………………………… 100g
  - ベーキングパウダー …… 小さじ1と1/2
  - シナモンパウダー ……………… 小さじ1
  - クローブパウダー ……………………… 少々
- くるみ（ロースト）……………………… 20g
- ココナッツファイン …………………… 20g
- サワーホイップクリーム
  - サワークリーム ………………… 40g
  - 生クリーム ……………………… 100g
  - グラニュー糖 ……………………… 10g

下準備
- □ にんじんは皮をむいてすりおろす。
- □ りんごは芯を除いて皮をむき、すりおろす。
- □ くるみはみじん切りにする。
- □ ボウルに氷水を用意する。

マフィン共通の下準備
- □ Cを合わせてふるう。
- □ 型にマフィン用グラシン紙を敷く。
- □ オーブンを180℃に予熱する。

作り方

1. **A**をステンレス製のボウルに入れて泡立て器で混ぜ、ごく弱火にかけるか湯煎して混ぜながらきび砂糖を溶かし、人肌に温める（**a**）。
2. 火からおろし、植物油を数回に分けて加えながら、泡立て器でとろりとして均一になるまで混ぜて乳化させ（**b**）、**B**とりんごを順に加え、その都度よく混ぜる。
3. **C**を**2**に一度に加え、泡立て器で中心からぐるぐると混ぜる（**c**）。
4. 粉気がほとんどなくなったら、くるみとココナッツファインを加え、ゴムべらに持ち替えてむらがなくなるまで混ぜる（**d**）。
5. 準備した型に**4**をスプーンですくい入れ、予熱したオーブンで20分焼く。
6. 焼き上がったらフォークなどを使って型から取り出し、ケーキクーラーの上に移して粗熱を取る。
7. サワーホイップクリームを作る。材料をすべてボウルに入れ、ボウルの底全体を氷水に当てながら、九分立て（すくうとしっかり角が立つ固さ）に泡立て、**6**の上にのせる（**e**）。

a

きび砂糖を溶かすため、ごく弱火にかけるか湯煎して混ぜる。高温だと卵が固まってしまうため、人肌に保つ。

b

植物油を数回に分けて少しずつ加え、その都度よく混ぜる。油が分離せずなじみ、とろりとしてきたら乳化した状態。

c

粉類を加え、中心から外側へ円を大きくしていくように混ぜる。泡立て器に粉がこもったら、上に持ち上げ、中の粉をふり落とす。

d

生地を切るように混ぜる。混ぜすぎに注意する。具が均等に行き渡ればよい。

e

マフィンの中心を盛り上げるようにして、クリームをなすりつけながらのせる。

アップルローズ・メープルマフィン

バラの花びらのようなりんごの飾りがキュート！
くるくると巻くだけで簡単にできるので、
ぜひ試してみてください。

りんごのクランブルマフィン

表面にかけたさっくりほろほろのクランブルが食感のアクセントに。
シナモンとりんごの、鉄板のカップリングです。

コーヒーアップルマフィン

コーヒーとシナモンが複雑に香り、
飽きのこないおいしさです。
ピーカンナッツのざくざくとした食感と、
りんごのシャリシャリ食感が楽しい!

アップルピーナッツバターマフィン

濃厚なピーナッツバターと
キャラメルりんごが合わさった、
リッチで食べごたえのあるマフィンです。

すべてのレシピで p.41 の「マフィン共通の下準備」をしておく

アップルローズ・メープルマフィン

材料（7個分〈直径7cmの6連のマフィン型1個＋プリンカップ1個分〉）

- A
  - 卵 ……………………………… 1個
  - メープルシロップ ……………… 30g
  - グラニュー糖 …………………… 50g
- 植物油 …………………………………… 60g
- B
  - プレーンヨーグルト …………… 30g
  - 牛乳 ……………………………… 30g
- C
  - 薄力粉 …………………………… 100g
  - ベーキングパウダー …………… 小さじ1
- D
  - りんご（あれば紅玉）………… 1個
  - レモン汁 ………………………… 小さじ2
  - グラニュー糖 …………………… 10g

下準備
- りんごは縦半分に切って芯を除き、皮つきのまま2mm厚さのくし形にスライスする。

作り方

1. Dを耐熱皿に入れて軽く混ぜ、ラップをかぶせて600Wの電子レンジで1分加熱する。取り出して混ぜてもう1分加熱したらレンジから取り出し、再び混ぜてそのまま粗熱を取る。ペーパータオルで水気を拭き取る。
2. アップルローズを作る。1のりんごを端を少しずつ重ねながら縦に3〜4枚並べ、手前から巻く。立てて周りにも1〜2枚りんごを巻き付ける。これを7個作る。
3. p.41の1〜4を参考にして生地を作る。
4. 準備した型に3をスプーンですくい入れ、2のアップルローズを1個ずつのせ、予熱したオーブンで23分焼く。
5. 焼き上がったらフォークなどを使って型から取り出し、ケーキクーラーの上に移して粗熱を取る。

りんごのクランブルマフィン

材料（6個分〈直径7cmの6連のマフィン型1個分〉）

- りんごの甘煮（→ p.12） ……………… 120g
- A
  - 卵 ……………………………… 1個
  - きび砂糖 ………………………… 60g
- 植物油 …………………………………… 60g
- B
  - プレーンヨーグルト …………… 30g
  - 牛乳 ……………………………… 30g
  - バニラオイル …………………… 少々
- C
  - 薄力粉 …………………………… 100g
  - ベーキングパウダー …………… 小さじ1
- クランブル
  - D
    - 薄力粉 ………………………… 25g
    - アーモンドパウダー ………… 10g
    - きび砂糖 ……………………… 10g
    - シナモンパウダー …………… 少々
  - 植物油 …………………………… 10g

下準備
- Dを合わせてふるう。

作り方

1. クランブルを作る。Dをボウルに入れ、カードで外側に寄せて中心にくぼみを作り、植物油を流し入れる。ボウルを回しながら周りの粉を植物油にかぶせるようにして混ぜる。粉が半分くらい混ざったら、カードで切るようにして混ぜ、ポロポロのそぼろ状にする。
2. p.41の1〜4を参考にして生地を作る。4の粉気がなくなったら、りんごの甘煮を2/3量加えて混ぜる。
3. 準備した型に2をスプーンですくい入れ、残りのりんごの甘煮を中心にのせる。その周りに1をかけ、予熱したオーブンで15分、その後200℃に上げて7分焼く。
4. 焼き上がったらフォークなどを使って型から取り出し、ケーキクーラーの上に移して粗熱を取る。

焼き菓子＆ケーキ
baked goods and cake

コーヒーアップルマフィン フレッシュ

材料（6個分〈直径7cmの6連のマフィン型1個分〉）
りんご（あれば紅玉） ······ 1/2個（正味100g）
A ┌ 卵 ·· 1個
　└ きび砂糖 ·· 60g
植物油 ··· 60g
B ┌ プレーンヨーグルト ················· 30g
　└ 牛乳 ·· 30g
C ┌ 薄力粉 ·· 100g
　└ ベーキングパウダー ·········· 小さじ1
シナモンパウダー ···················· 小さじ1/2
ピーカンナッツ（ロースト） ·············· 20g
コーヒーアイシング
　┌ インスタントコーヒー ······ 小さじ1/2
　├ 牛乳 ·· 小さじ1
　└ 粉糖 ·· 30〜35g

下準備
□ りんごは芯を除き、皮つきのまま8mm角に切ってシナモンパウダーをまぶしておく。
□ ピーカンナッツは手でくだく。

作り方
1 p.41の**1**〜**4**を参考にして生地を作る。**4**の粉気がなくなったら、りんごの3/4量を加え混ぜる。
2 準備した型に**1**をスプーンですくい入れ、残りのりんごとピーカンナッツをのせ、予熱したオーブンで20分焼く。
3 焼き上がったらフォークなどを使って型から取り出し、ケーキクーラーの上に移して粗熱を取る。
4 アイシングを作る。インスタントコーヒーと牛乳を耐熱容器に入れて600Wの電子レンジで10秒加熱し、スプーンなどで混ぜる。粉糖を加え混ぜ、流しかけやすい固さに調整する。
5 **3**の上に**4**をスプーンですくってかける。

アップルピーナッツバターマフィン キャラメル ▶p.11

材料（6個分〈直径7cmの6連のマフィン型1個分〉）
キャラメルりんご（➡p.11） ··············· 100g
A ┌ 卵 ·· 1個
　└ きび砂糖 ·· 70g
植物油 ··· 40g
B ┌ ピーナッツバター ······················ 40g
　└ 牛乳 ·· 50g
C ┌ 薄力粉 ·· 100g
　└ ベーキングパウダー ·········· 小さじ1

作り方
1 p.41の**1**〜**4**を参考にして生地を作る。
2 準備した型に**1**の半量をスプーンですくい入れ、キャラメルりんごの2/3量を均等に入れる。残りの生地をすくい入れ、残りのキャラメルりんごをのせ、予熱したオーブンで20分焼く。1個につき、約16gのキャラメルりんごを使うことになる。
3 焼き上がったらフォークなどを使って型から取り出し、ケーキクーラーの上に移して粗熱を取る。

りんごのアップサイドダウンケーキ

「逆さま」という意味の楽しいケーキです。
焼き上がりをひっくり返すと、琥珀色に焼けた
おいしそうなりんごが輝きます。

焼き菓子&ケーキ
baked goods and cake

フレッシュ

材料（口径18cmのマンケ型〈または直径15cmのスポンジ型〉1台分）

りんご（あれば紅玉） ……………… 1個
キャラメルソース
　水 ……………………………………… 20g
　グラニュー糖 ………………………… 60g
グラニュー糖 …………………………… 10g
植物油 ………………………………… 大さじ1/2
生地
　卵 ……………………………………… 1個
　グラニュー糖 ………………………… 70g
　植物油 ………………………………… 50g
　生クリーム …………………………… 50g
　プレーンヨーグルト ………………… 15g
　カルバドス（ラム酒でも可）……… 大さじ1
A
　薄力粉 ………………………………… 90g
　アーモンドパウダー ………………… 20g
　ベーキングパウダー ………………… 小さじ1

下準備
- りんごは芯を除いて皮をむき、縦半分に切って2mm厚さにスライスする。
- Aを合わせてふるう。
- オーブンを180℃に予熱する。

作り方

1 キャラメルソースを作る。水、グラニュー糖の順に小鍋に入れて強めの中火にかけ、鍋をゆすりながら砂糖を溶かす。煙が出始め、キャラメル色になったらすぐに型に流し入れ、固まるまで冷ましておく。

2 型にりんごを2段に重ねて隙間なく並べる（**a**）。グラニュー糖10gを全体にふり、植物油大さじ1/2を回しかける。

3 生地を作る。卵とグラニュー糖をステンレス製のボウルに入れて泡立て器で混ぜる。ごく弱火にかけるか湯煎して混ぜながらグラニュー糖を溶かし、人肌に温める。

4 火からおろし、植物油を数回に分けて加えながら、泡立て器で混ぜ、均一になるまで乳化させる。生クリーム、プレーンヨーグルト、カルバドスを順に加え混ぜる。

5 **A**を**4**に一度に加え、泡立て器で中心からぐるぐると混ぜる。泡立て器に粉がこもったら、上に持ち上げ、中の粉をふり落とす。

6 粉気がほとんどなくなったら、ゴムべらに持ち替えてむらがなくなるまで混ぜる。

7 **2**に**6**を流し入れ、予熱したオーブンで35分焼く。

8 焼き上がったら型ごとケーキクーラーの上に移し、型が手で触れるくらいまで冷めたら、縁にぐるりとナイフを入れて生地をはがしやすくし、皿の上にひっくり返して取り出す。

a

スライスしたりんごは、端を少し重ねるようにして隙間なく並べる。1周並べたらもう1段重ねる。

りんごのキャラメルロールケーキ

ほろ苦いキャラメルクリームりんごと、なめらかな生クリームが最高の組み合わせ。
オーブンシートを上手に使って、きれいに巻き上げましょう。

りんごとラズベリーのトライフル

ふわふわのクリームと、ジューシーなコンポートのやさしい口当たり。
器ごと抱えて食べてしまいたくなるおいしさです。

りんごのキャラメルロールケーキ

材料（長さ25cmのロール1本分）
キャラメルクリームりんご（→p.11） …… 200g
ジェノワーズ生地（30×30cmの天板1枚分）
　卵 …………………………………… 3個
　グラニュー糖 ……………………… 80g
　薄力粉 ……………………………… 70g
　牛乳 ………………………………… 20g
　植物油 ……………………………… 20g
A　生クリーム ……………………… 150g
　　グラニュー糖 …………………… 15g

下準備
☐ 薄力粉をふるう。
☐ 天板にオーブンシートを敷く。
☐ オーブンを180℃に予熱する。
☐ ボウルに氷水を用意する。

a

巻き終わりが平らになるように、向こう側1.5cmを斜めに切り落とす。

b

まず小さく一折りし、そこを芯にして手前からオーブンシートを引き上げるようにして巻く。

c

巻き終わったら、オーブンシートの上から定規でロールケーキを押さえる。上のオーブンシートは手前に引き、下のオーブンシートは反対方向に引く。きつく締まり、形よく仕上がる。

作り方

1 ジェノワーズ生地を作る。卵とグラニュー糖をステンレス製のボウルに入れて泡立て器で混ぜ、ごく弱火にかけるか湯煎して混ぜながらグラニュー糖を溶かし、人肌に温める。火からおろし、もったりするまでハンドミキサーで撹拌する。生地をすくうとリボン状に重なり落ちるくらいになればよい。

2 薄力粉を3回に分けて加えながら、ゴムべらでその都度よく混ぜる。合計100回は混ぜること。

3 別のボウルで牛乳と植物油を泡立て器でとろりと乳化するまでよく混ぜ合わせ、2に加えてゴムべらでよく混ぜる。生地はさらっとしている。

4 3を天板に流し入れてカードで平らにならし、底を手で3〜4回叩いて空気を抜く。予熱したオーブンで12分焼く。焼き上がったら天板からはずし、オーブンシートごとケーキクーラーの上に移して冷ます。

5 Aをボウルに入れて底を氷水に当てながら九分立て（すくうとしっかり角が立つ固さ）に泡立てる。

6 4のオーブンシートをはがし、新しいオーブンシートの上にひっくり返して焼き目を下にする。向こう側1.5cmのところを斜めに切り落とす（**a**）。向こう側2cm幅を残して5のクリームを塗り広げる。

7 手前を少しあけ、キャラメルクリームりんごを4列に分けて並べ、オーブンシートごと手前から巻く（**b**）（**c**）。巻き終わりを下にして冷蔵庫で15分以上冷やしてから、切り分ける。

りんごとラズベリーのトライフル

コンポート
▶p.7

焼き菓子 & ケーキ
baked goods and cake

材料(21×17×深さ3cmのバット1個分)

りんごのコンポート(➡p.7) ……… 1と1/2個
焼いたジェノワーズ生地(30×30cmの天板1枚分)(➡p.50) ……… 1枚
ラズベリー(冷凍) ……… 40g
カスタードクリーム
　　牛乳 ……… 100g
　　バニラビーンズ ……… 1/4本
　　卵黄 ……… 1個分
　　グラニュー糖 ……… 20g
　A ┌ 薄力粉 ……… 5g
　　└ コーンスターチ ……… 5g
　　カルバドス(あれば) ……… 小さじ1
B ┌ 生クリーム ……… 150g
　└ グラニュー糖 ……… 15g
りんごのコンポートの煮汁(➡p.7)
　　……… 大さじ2

下準備

□ 焼いたジェノワーズ生地から、バットの大きさに合わせ、長方形を1枚抜き取り、残った生地も組み合わせてもう1枚分にする。
□ りんごのコンポート1個分は7mm厚さにスライスし、残りは1cm角に切る。
□ バニラビーンズは縦半分に切り開き、中から種をしごき出し、さやとともに牛乳に加えておく。
□ Aを合わせてふるう。
□ ボウルに氷水を用意する。

作り方

1 カスタードクリームを作る。
　①耐熱容器に牛乳とバニラの種とさやを入れ、ラップをせずに600Wの電子レンジで1分30秒加熱し、沸騰直前まで温める。
　②耐熱ボウルに卵黄を入れて泡立て器で溶きほぐし、グラニュー糖を加え混ぜる。**A**を加えてサッと混ぜる。
　③②に①を少しずつ加えながら泡立て器で混ぜ、均一な状態にする。
　④600Wの電子レンジで20秒加熱し、泡立て器で手早く混ぜ、ダマのない状態にする。さらに20秒ずつ2回加熱し、その都度よく混ぜる。中心までふつふつと沸騰させ、すくうと垂れてくる程度にゆるくとろみのついた状態にする。
　⑤すぐにバットに流し入れて平らに広げ、表面をラップで密着させるように覆い、保冷材などを上にのせて急冷する。
　⑥使う直前にバニラのさやを取り除き、ボウルに入れてへらでよく練り混ぜ、均一な状態にする。あればカルバドスを加え混ぜる。

2 Bを合わせてボウルに入れ、ボウルの底を氷水に当てながら八分立て(すくうと柔らかい角が立ち、先が少し曲がる状態)にする。

3 ジェノワーズ生地を一枚バットに敷き、スライスしたりんごのコンポートを並べる。よくほぐした**1**に**2**を30g加え混ぜ、上に塗り広げる(**a**)。ラズベリーの半量を凍ったまま手でほぐしながら散らす。

4 もう一枚のジェノワーズ生地をのせてりんごのコンポートの煮汁を塗り、残りの**2**を塗り広げる。1cm角に切ったりんごのコンポートと、残りのラズベリーを手でほぐしながら散らす。

a

ジェノワーズ生地は焼き目を下にして敷き、りんごのコンポートを並べる。りんごがずれないよう、やさしくクリームを塗り広げる。

りんごのブロンディ

キャラメル ▶p.11

ブロンド色に焼き上がるから「ブロンディ」。
ホワイトチョコレートとりんごをたっぷり加え、ボリューム満点に仕立てました。

材料（21×17×深さ3cmのバット1個分）

- キャラメルりんご（➡ p.11） …… 150g
- ホワイトチョコレート …… 100g
- 生クリーム …… 50g
- 植物油 …… 30g
- プレーンヨーグルト …… 30g
- バニラオイル …… 少々
- 卵 …… 2個
- グラニュー糖 …… 70g
- A [薄力粉 …… 100g
     ベーキングパウダー …… 小さじ1/2]
- ピスタチオ …… 20g

下準備

- □ ホワイトチョコレートを刻む。
- □ Aを合わせてふるう。
- □ ピスタチオを粗く刻む。
- □ 型にオーブンシートを敷き込む。
- □ オーブンを180℃に予熱する。

作り方

1. ホワイトチョコレートを耐熱ボウルに入れ、600Wの電子レンジに1分かけて溶かす。別の耐熱容器に生クリームを入れて電子レンジで30秒加熱し、溶かしたホワイトチョコレートに少しずつ加えながら、泡立て器でとろりとして乳化するまで混ぜる。植物油、プレーンヨーグルト、バニラオイルを順に加え、その都度よく混ぜる。

2. 卵とグラニュー糖をステンレス製のボウルに入れて、泡立て器で混ぜる。ごく弱火にかけるか湯煎して混ぜながらグラニュー糖を溶かし、人肌に温める。火からおろして軽く泡立てる。

3. **2**に**1**を加えて混ぜる。さらに**A**を一度に加えて泡立て器で中心からぐるぐると混ぜる。泡立て器に粉がこもったら、上に持ち上げ、中の粉をふり落とす。

4. 粉気がほとんどなくなったら、キャラメルりんごの2/3量を加え、ゴムべらに持ち替えて全体が均一になるまで混ぜる。

5. 準備した型に**4**を流し入れ、型を低い位置から台の上に数回落とし、中の空気を抜く。残りのキャラメルりんごとピスタチオを上にのせ、予熱したオーブンで35分焼く。

6. 焼き上がったらオーブンシートごと型から取り出し、ケーキクーラーの上に移して粗熱を取る。

りんごのフォンダン・ショコラ

キャラメル
クリーム
▶p.11

フォークを入れると、熱々のチョコレートとりんごが溶け出します。
手作りだからこそ味わえる、
できたてのおいしさをお楽しみください。

材料（6個分〈直径7cmの6連のマフィン型1個分〉）

- キャラメルクリームりんご（➡p.11） ……… 120g
- スイートチョコレート（カカオ55〜58％） ……… 80g
- 植物油 ……… 70g
- 卵 ……… 2個
- グラニュー糖 ……… 80g
- 薄力粉 ……… 30g

下準備

- □ 卵を室温にもどし、溶いておく。
- □ スイートチョコレートを刻む。
- □ 薄力粉をふるう。
- □ 型にマフィン用グラシン紙を敷く。
- □ オーブンを190℃に予熱する。

作り方

1. チョコレートを耐熱ボウルに入れ、600Wの電子レンジに1分かけて溶かす。
2. 1に植物油を4回に分けて加え、泡立て器でその都度よく混ぜる。卵を2回に分けて加えてよく混ぜたら、グラニュー糖と薄力粉を順に加え、その都度混ぜる。
3. 準備した型に2の半量をスプーンですくい入れる。その上にキャラメルクリームりんごを均等に入れる（**a**）。最後に残りの生地を上からすくい入れる。
4. 予熱したオーブンで10分焼く。焼き上がったらケーキクーラーの上に型ごと取り出し、3分ほどおいてから、フォークなどを使って型から取り出す。温かいうちにいただく（温め直す場合は、600Wの電子レンジに10秒程度かける）。

a

りんごを加えると容量が増すので、こぼれないように生地は型の半分まですくい入れ、りんごを加える。

りんごのマドレーヌ

表面はカリッと、中からは柔らかく煮えたりんごがしっとりとこぼれます。
かわいい貝殻形のマドレーヌは、プレゼントにもぴったり。

材料（マドレーヌ型8個分
〈使い捨てのアルミ型でも代用可能〉）

りんごの甘煮（→p.12）	60g
卵	1個
グラニュー糖	40g
植物油	40g
A ┌ 薄力粉	40g
├ アーモンドパウダー	10g
└ ベーキングパウダー	小さじ1/2

下準備

- 型にショートニング（分量外）を塗って強力粉（分量外。なければふるった薄力粉）をはたき、余分な粉を落とす。
- Aを合わせてふるう。
- オーブンを190℃に予熱する。

作り方

1. 卵とグラニュー糖をステンレス製のボウルに入れて泡立て器で混ぜる。ごく弱火にかけるか湯煎して混ぜながらグラニュー糖を溶かし、人肌に温める。

2. 火からおろし、植物油を3回くらいに分けて加えながら、泡立て器でとろりとして均一になるまで混ぜて乳化させる。

3. Aを一度に加え、泡立て器で中心からぐるぐると混ぜる。泡立て器に粉がこもったら、上に持ち上げ、中の粉をふり落とす。粉気がほとんどなくなるまでむらなく混ぜる。

4. 準備した型に3をスプーンですくい入れ、りんごの甘煮をのせて予熱したオーブンで14分焼く。

5. 焼き上がったら型をひっくり返し、台に軽くたたきつけて取り出し、ケーキクーラーの上に移して粗熱を取る。

りんごとクランベリーの
オートミールバー

オートミールがザクザクと香ばしいシリアルバー。
すりおろしたりんごを加えることで豊かな風味に。

アップルスライスオートミールバー

生のまま加えたりんごの甘酸っぱさが味の決め手。
スパイスを加えて風味よく仕上げます。

焼き菓子 & ケーキ
baked goods and cake

りんごとクランベリーのオートミールバー

材料(24cm角1枚分)

A
- 薄力粉 …… 80g
- アーモンドパウダー …… 10g
- ベーキングパウダー … 小さじ1/4
- きび砂糖 …… 20g
- 塩 …… 小さじ1/6

B
- りんご(あれば紅玉) …… 1/4個(正味50g)
- 植物油 …… 40g
- メープルシロップ …… 30g

C
- ココナッツファイン …… 30g
- オートミール …… 80g

ドライクランベリー …… 50g

下準備
- りんごは芯を除いて皮をむき、すりおろす。
- ドライクランベリーは、熱湯にサッとくぐらせ、水気を拭き取る。
- Aを合わせてふるう。
- オーブンを170℃に予熱する。

作り方

1 Aをボウルに入れ、カードで外側に寄せて中心にくぼみを作り、Bを加える。Bの部分を泡立て器でとろりと乳化するまでよく混ぜる。粉が多少混ざってしまっても構わない。

2 ボウルを回しながら、カードで周りの粉をBにかぶせるようにして混ぜる。

3 粉が半分くらい混ざったら、カードについた生地を指でぬぐい、Cを加え、カードで切るようにして混ぜる。粉気がほとんどなくなり、全体がしっとりとしてきたら生地をまとめる。カードで生地を半分に切って重ね、軽く手で押さえる。これを3~4回繰り返す。全体にしっとりとまとまればよい。

4 ボウルの底に手で生地を広げ、クランベリーを全体に散らして半分に折り畳む。オーブンシートの上にのせ、ラップをかぶせて麺棒で23cm四方の正方形に延ばす。

5 オーブンシートごと天板に移し、予熱したオーブンで23分焼く。

6 焼き上がったらまな板の上に移し、温かいうちに好みの大きさに切る。

アップルスライスオートミールバー

材料(21cm角1枚分)

りんご(あれば紅玉) …… 1/4個(正味50g)

A
- 薄力粉 …… 100g
- きび砂糖 …… 50g
- ベーキングパウダー … 小さじ2/3
- シナモンパウダー …… 小さじ1/4
- カルダモンパウダー … 小さじ1/4

B
- プレーンヨーグルト …… 15g
- 植物油 …… 50g

C
- オートミール …… 50g
- スライスアーモンド(ロースト) …… 20g

下準備
- りんごは芯を除き、皮つきのままスライサーで1mm厚さにスライスする。
- Aを合わせてふるう。
- オーブンを180℃に予熱する。

作り方

1~3 「りんごとクランベリーのオートミールバー」と同様に作る。Cとともにりんごも加える。

4 3をオーブンシートの上にのせ、ラップをかぶせて麺棒で20cm四方の正方形に延ばす。

5~6 「りんごとクランベリーのオートミールバー」と同様に作る。

アップルシナモン
ロールスコーン

ホロリとくずれる香ばしい生地にキャラメルりんごが好相性。
溶け出したシナモンシュガーの甘い香りがたまりません。

キャラメル
▶ p.11

材料（6個分）
キャラメルりんご（➡ p.11） ……… 100g

A
- 薄力粉 ……………………… 100g
- きび砂糖 …………………… 20g
- 塩 …………………………… ひとつまみ
- ベーキングパウダー ……… 小さじ3/4

B
- 牛乳 ………………………… 30g
- 植物油 ……………………… 30g

シナモンペースト
- きび砂糖 …………………… 20g
- シナモンパウダー ………… 小さじ1/2
- 植物油 ……………………… 小さじ1

下準備
☐ Aを合わせてふるう。
☐ オーブンを190℃に予熱する。
☐ 天板にオーブンシートを敷く。

作り方

1 シナモンペーストを作る。きび砂糖とシナモンパウダーをボウルの中で混ぜ合わせ、植物油を加えてなじむまで混ぜる。

2 Aを別のボウルに入れ、カードで外側に寄せて中心にくぼみを作り、Bを加える。Bの部分を泡立て器でとろりと乳化するまでよく混ぜる。粉が多少混ざってしまっても構わない。

3 ボウルを回しながら、カードで周りの粉をBにかぶせるようにして混ぜる。

4 粉が半分くらい混ざったら、カードについた生地を指でぬぐい、カードで切るようにして混ぜる。粉気がほとんどなくなり、全体がしっとりとしてきたら生地をまとめる。カードで生地を半分に切って重ね、軽く手で押さえる。これを3～4回繰り返す。全体にしっとりとまとまればよい。

5 4をオーブンシートの上にのせ、ラップをかぶせて麺棒で18cm四方の正方形に延ばす。ラップをはずし、全体に1を散らす。キャラメルりんごを手前と向こう側2cmずつを残して散らし、手前からくるくると巻く。6等分に切り、天板に断面を上にして並べ、予熱したオーブンで16分焼く。

6 焼き上がったらケーキクーラーの上に移して粗熱を取る。

りんごのジャム サンドクッキー

ちらりとのぞいたりんごジャムのピンク色がかわいいクッキー。
お好みの型でいろいろな形に作っても楽しい。

ジャム
▶p.7

材料（4個分）

- りんごジャム（➡ p.7） …………… 40g
- A
  - 薄力粉 …………………………… 100g
  - きび砂糖 …………………………… 20g
  - 塩 ………………………………… ひとつまみ
  - ベーキングパウダー ………… ひとつまみ
  - シナモンパウダー …………… 小さじ1/4
- B
  - 牛乳 ……………………………… 15g
  - 植物油 …………………………… 40g
- 粉糖 ……………………………………… 適量

下準備

- りんごジャムをフードプロセッサーなどでペースト状にする。
- Aを合わせてふるう。
- オーブンを170℃に予熱する。
- 天板にオーブンシートを敷く。

作り方

1. Aをボウルに入れ、カードで外側に寄せて中心にくぼみを作り、Bを加える。Bの部分を泡立て器でとろりと乳化するまでよく混ぜる。粉が多少混ざっても構わない。

2. ボウルを回しながら、カードで周りの粉をBにかぶせるようにして混ぜる。

3. 粉が半分くらい混ざったら、カードについた生地を指でぬぐい、カードで切るようにして混ぜる。粉気がほとんどなくなり、全体がしっとりとしてきたら生地をまとめる。カードで生地を半分に切って重ね、軽く手で押さえる。これを3〜4回繰り返す。全体にしっとりとまとまればよい。

4. 3をオーブンシートの上にのせ、ラップをかぶせて麺棒で4mm厚さに延ばし、ラップをはずして抜き型やコップなどで直径7cmの円形に抜く。残った生地はまとめ、再び延ばして抜く。合計8枚抜いて、そのうち4枚は中心に直径1.5cmくらいの穴を開ける。天板に並べ、予熱したオーブンで15分焼く。焼き上がったらケーキクーラーの上に移して粗熱を取る。

5. 穴の開いていない4枚にりんごジャムを1/4量ずつ塗る。穴の開いた生地に茶こしで粉糖をふるい、ジャムを塗ったほうに重ねる。

かわいいラッピングのアイディア

りんごのお菓子をお持ち寄りや誰かにプレゼントするなら、
ぜひおしゃれにラッピングしてみましょう。

A. 瓶を使ったラッピング

煮沸消毒した瓶にジャムやコンポートを詰め、好みのペーパーや布でふたを覆い、麻ひもでラフに結びます。メッセージやスタンプ付きのタグを添えても。

B. キャラメルのラッピング

8×6cm程度にカットしたオーブンシートでキャラメルを包み、両端をねじります。お気に入りの箱や缶に入れると、まるでパリからのお土産のよう。

C. パウンドケーキのラッピング

オーブンシートで全体を包み、底をテープで留め、リボンを十字に結びます。リボンの太さや色で様々な印象を楽しめます。

D. マフィンのラッピング

食品用の透明袋に入れ、口はくるくると巻き、マスキングテープやシールで留めます。可愛いマスキングテープを集めておくと、ラッピングのアクセントに便利です。

デザート&ドリンク
dessert and drink

どんな素材にも相性がいいりんごは、
季節に合わせて涼しげなスイーツや
アジアンテイストのデザートにも変身。

アップルコブラー

香ばしいコブラー生地をくずしながら、りんごとからめていただきます。
ほのかに香る柑橘の爽やかな香りがアクセント。

デザート&ドリンク
dessert and drink

フレッシュ

材料（直径8cm、高さ4cmのココット型3個分）

フィリング
- りんご（あれば紅玉） …………… 1/2個
- グラニュー糖 …………………………… 15g
- レモンの皮のすりおろし ………… 少々
- レモン汁 ……………………………… 小さじ1
- レーズン ………………………………… 20g
- ラム酒 ………………………………… 小さじ1
- コーンスターチ …………………… 小さじ1
- マーマレード …………………………… 30g

コブラー生地

A
- 薄力粉 …………………………………… 40g
- アーモンドパウダー ………………… 15g
- きび砂糖 ……………………………… 15g
- 塩 ……………………………………… ひとつまみ
- ベーキングパウダー ……………… 小さじ1/3
- シナモンパウダー …………………… 少々

B
- 牛乳 ……………………………………… 10g
- プレーンヨーグルト ………………… 5g
- 植物油 …………………………………… 15g

下準備
□ りんごは芯を除き、皮つきのまま5mm厚さのいちょう切りにする。
□ Aを合わせてふるう。
□ 天板にオーブンシートを敷く。
□ オーブンを200℃に予熱する。

作り方

1 フィリングの材料をすべてボウルに入れて混ぜ合わせ、ココット型に均等に入れる。

2 コブラー生地を作る。**A**をボウルに入れ、カードで外側に寄せて中心にくぼみを作り、**B**を加える（**a**）。**B**の部分を泡立て器でとろりと乳化するまでよく混ぜる。粉が多少混ざってしまっても構わない。

3 ボウルを回しながら、カードで周りの粉を**B**にかぶせるようにして混ぜる。

4 粉が半分くらい混ざったら、カードについた生地を指でぬぐい、カードで切るようにして混ぜる。粉気がほとんどなくなり、全体がしっとりとしてきたら生地をまとめる。カードで生地を半分に切って重ね、軽く手で押さえる。これを3〜4回繰り返す。全体にしっとりとまとまればよい。

5 **4**を3等分して各々直径7cmの円形に成形し（**b**）、**1**とともに天板に並べる。予熱したオーブンで10分焼いて取り出す。

6 焼いて少し広がった**5**を直径7cmほどの抜き型やコップなどで円形に抜き取り（**c**）、一緒に焼いた**1**の上にのせて200℃のオーブンで8分焼く。

a

中心にくぼみを作り、牛乳、プレーンヨーグルト、植物油を加え混ぜる。油が分離せずなじみ、とろりとしたら乳化した状態。

b

生地は3等分し、直径7cmの円形に成形する。あとで型抜きするので、きれいな円形でなくて構わない。

c

空焼きすることで生地がサクッと仕上がる。空焼きした生地は一回り大きく膨らむので、直径7cmの抜き型で抜き取る。

りんごのクランブル

クランブルの材料を混ぜ合わせれば、
あとは焼くだけのお手軽デザート。
いちごジャムとバルサミコ酢の酸味が加わることで、
ぐっと上品な味わいに。

りんごのクラフティ

卵と生クリームのやさしい甘さと
りんごの酸味が絶妙なバランス。
どこか懐かしい、ほっとする味わいの一品です。

りんごのクランブル

材料（直径 8cm、高さ 4cm のココット型 3 個分）

りんごのクリームソテー（→ p.9） ……… 150g
クランブル生地
A ┌ 薄力粉 ……………………………… 25g
  │ グラニュー糖 ……………………… 10g
  │ アーモンドパウダー ……………… 10g
  └ シナモンパウダー ………………… 少々
  植物油 ………………………………… 10g
いちごジャム …………………………… 50g
バルサミコ酢 ………………………… 小さじ 1
粉糖 ……………………………………… 適量

下準備
□ **A** を合わせてふるう。
□ オーブンを 200℃ に予熱する。

作り方

1 クランブル生地を作る。**A** をボウルに入れ、カードで外側に寄せて中心にくぼみを作り、植物油を流し入れる。ボウルを回しながら周りの粉を植物油にかぶせるようにして混ぜる。粉が半分くらい混ざったら、カードで切るようにして混ぜ、ポロポロのそぼろ状にする。

2 いちごジャムとバルサミコ酢を混ぜ合わせ、ココット型に均等に入れる。りんごのクリームソテーと**1**を順にのせ、予熱したオーブンで 15 分焼く。

3 焼き上がったら茶こしで粉糖をふるいかけ、温かいうちにいただく。

りんごのクラフティ

材料（直径 8cm、高さ 4cm のココット型 3 個分）

りんごのソテー（→ p.9） ……………… 9 切れ
アパレイユ
  牛乳 …………………………………… 50g
  生クリーム …………………………… 25g
  卵 ……………………………………… 1 個
  グラニュー糖 ………………………… 25g
  プレーンヨーグルト ………………… 25g
  A ┌ 薄力粉 …………………………… 10g
    └ アーモンドパウダー …………… 5g
  カルバドス（ラム酒でも可）……… 小さじ 1

下準備
□ **A** を合わせてふるう。
□ オーブンを 200℃ に予熱する。

作り方

1 アパレイユを作る。牛乳と生クリームを合わせて耐熱容器に入れ、600W の電子レンジで 20 秒加熱して温める（約 60℃ にする）。ボウルに卵を割りほぐし、グラニュー糖、プレーンヨーグルトを順に加えて混ぜ、温めた牛乳と生クリームを加え混ぜる。

2 **A** をボウルに入れ、**1** を少しずつ加えて泡立て器で混ぜる。カルバドスを加え混ぜる。

3 ココット型にりんごのソテーを均等に入れ、**2** を型の 9 分目まで注ぎ、予熱したオーブンで 15 分焼く。

りんごの春巻き包み焼き

パリパリに焼いた皮と、レモンの香る甘酸っぱいフィリングがベストマッチ！
油で揚げずにオーブンで焼くので、ヘルシー＆お手軽です。

りんごのココナッツ汁粉

アジアン風味のまったりとしたココナッツミルクに、
甘酸っぱいりんごが新鮮な組み合わせ。

りんごの春巻き包み焼き

ジャム ▶p.7

材料（4本分）
春巻きの皮 ················· 2枚
フィリング
　りんごジャム（➡ p.7） ········ 100g
　ドライクランベリー ············· 30g
　プレーンヨーグルト ············· 20g
　レモンの皮のすりおろし ········ 少々
植物油、グラニュー糖（仕上げ用）
　························· 各適量

下準備
- 春巻きの皮は、対角線で半分に切る。
- ドライクランベリーは熱湯にサッとくぐらせ、水気を拭き取り、プレーンヨーグルトと混ぜ合わせておく。
- 天板にオーブンシートを敷く。
- オーブンを200℃に予熱する。

作り方
1. プレーンヨーグルトと合わせたクランベリー、その他のフィリングの材料をボウルに入れて混ぜ合わせる。
2. 春巻きの皮の三角形の一番長い部分を手前に置き、手前2cmをあけて**1**を横に細長くのせる。左右を折り、手前から巻く。これを4本作る。
3. **2**をとじ目を下にして天板に並べ、表面にまんべんなく植物油を塗ってグラニュー糖をふりかけ、予熱したオーブンで15分焼く。

りんごのココナッツ汁粉

ソテー ▶p.9

材料（2人分）
A ┌ りんごのソテー（➡ p.9） ······ 60g
　├ ココナッツミルク ············· 80g
　├ 牛乳 ······················· 60g
　└ グラニュー糖 ················ 10g
りんごのソテー（➡ p.9） ········ 4切れ
シナモンパウダー ············· 少々

作り方
1. **A**を合わせてミキサーにかける。
2. **1**を器に均等に盛り、りんごのソテーを2切れずつのせてシナモンパウダーをふる。

クレープのキャラメルクリームりんご添え

クレープ特有のちりめんじわのような焼き色を出すには、強めの中火でサッと焼くのがポイント。
コク深いキャラメルクリームりんごとアイスをのせて召し上がれ。

りんごのパンプディング

バニラビーンズが贅沢に香るアパレイユに、りんごジャムが爽やかさをプラス。
パリッと焼けた表面のバゲットと、アパレイユに浸った柔らかな部分の食感を楽しんで。

クレープのキャラメルクリームりんご添え

材料（8人分〈直径20cm8枚分〉）
キャラメルクリームりんご（→p.11）
　　　　　　　　　　　　　　　適量
クレープ生地
　A ┌ 薄力粉　　　　　　　　100g
　　└ グラニュー糖　　　　　　15g
　溶き卵　　　　　　　　　　2個分
　植物油　　　　　　　　　　大さじ1
　牛乳　　　　　　　　　　　250g
バニラアイスクリーム　　　　　適量
粉糖　　　　　　　　　　　　適量

下準備
□ Aを合わせてふるう。

作り方
1 クレープ生地を作る。Aをボウルに入れ、中心にくぼみを作ってそこに溶き卵を加える。泡立て器で内側から外側へぐるぐると混ぜながら、粉を少しずつくずすようにして混ぜる。植物油を加え、ダマがなくなるまでよく混ぜる。

2 牛乳を少しずつ加えながら泡立て器で静かに混ぜる。均一な状態になったら裏ごしをし、ラップをかぶせて30分以上寝かせる。

3 フライパンを強火で熱し、植物油少々（分量外）を回し入れ、ペーパータオルなどで拭き取る。火を止め、フライパンの底をぬれ布巾にサッとのせて温度を均一にする。

4 フライパンを中火にかけ、2をレードルで1杯分流し入れ、フライパンを回して丸く広げる。強めの中火にして、生地の縁がきつね色に色付いてきたらパレットナイフで裏返し、裏もサッと焼く。ケーキクーラーの上にのせて冷ます。同様にして8枚焼く。

5 クレープ1枚の四辺を折り曲げて四角く畳み、裏返して皿にのせる。キャラメルクリームりんごを600Wの電子レンジで10秒ほど温め、アイスクリームとともに添える。茶こしで粉糖をふるいかける。

りんごのパンプディング

材料（2人分）
りんごジャム（→p.7）　　　　80g
バゲット　　　　　　　　　　80g
アパレイユ
　┌ 卵　　　　　　　　　　　1個
　│ グラニュー糖　　　　　　20g
　│ 牛乳　　　　　　　　　　120g
　│ バニラオイル　　　　　　少々
　│ カルバドス（ラム酒でも可）
　└ 　　　　　　　　　　　　大さじ1
粉糖　　　　　　　　　　　　適量

下準備
□ オーブンを180℃に予熱する。

作り方
1 バゲットに縦に切り込みを入れ、間にりんごジャムを挟み、1.5cm厚さの輪切りにする。

2 アパレイユの材料を順にボウルに入れながら泡立て器で混ぜ合わせる。バゲットをサッと浸し、ジャムを挟んだ面を上にして耐熱皿に並べる。残ったアパレイユはバゲットの上から回しかける。

3 予熱したオーブンで15分焼く。茶こしで粉糖をふるいかける。

りんごのムース

食べるのがもったいないほど、きれいに咲いたピンクのバラ。
おもてなしのデザートに喜ばれること間違いなしです。

コンポート ▶ p.7

材料（直径10cm程度の容器4個分）

- A
  - りんごのコンポート（→p.7）
    ……………………… 半割り2個（約200g）
  - りんごのコンポートの煮汁
  - コンポートと合わせて300gになる分量
- グラニュー糖 ……………………………… 50g
- B
  - りんごのコンポートの煮汁 ………… 20g
  - カルバドス（ラム酒でも可）…… 大さじ1
  - （なければ煮汁を30gにする）
- 粉ゼラチン ……………………………… 1袋（5g）
- 生クリーム ……………………………… 120g
- りんごのコンポート（→p.7）
  （トッピング用）………………… 半割り4個

下準備

□ 生クリームをボウルに入れ、氷水に当てながら八〜九分立てにする。

□ トッピング用のりんごのコンポートは、2mm厚さにスライスする。

作り方

1. Bを容器に入れて混ぜ、粉ゼラチンをふり入れて混ぜ、ゼラチンをふやかす。

2. Aを合わせてミキサーにかける。ピュレ状にしてボウルに移す。

3. 2の1/4量を耐熱容器に入れ、グラニュー糖を加えて電子レンジで30秒加熱し、1を加えてよく混ぜる。残りの2を少しずつ加え混ぜる（ピュレを全量加熱すると風味が飛んでしまうので、分けて混ぜ合わせる）。

4. 泡立てた生クリームを3に2回に分けて加え、むらがなくなるまで混ぜる。器に均等に入れ、冷蔵庫で1時間以上冷やし固める。

5. トッピング用にスライスしたりんごを均等に分け、4の上にバラの花のように並べる。少しずつ端が重なるように外側から並べ、中心は立たせるようにのせると形よく仕上がる。

りんごのジュレとソルベ

きらきらと輝くロゼ色のグラデーション。
見た目も味もきゅっと爽やかなグラスデザートです。

コンポート ▶p.7

材料（高さ10cm程度のグラス6個分）

りんごのコンポート**A**（➡p.7）⋯ 半割り2個
りんごのジュレ
　┌ りんごのコンポートの煮汁 ⋯⋯⋯⋯ 250g
　│ 水 ⋯⋯⋯⋯⋯⋯⋯⋯⋯⋯⋯⋯⋯⋯⋯⋯ 100g
　└ 粉ゼラチン ⋯⋯⋯⋯⋯⋯⋯⋯⋯ 1袋（5g）
りんごのソルベ
　┌ りんごのコンポート**B**（➡p.7）⋯ 半割り2個
　└ りんごのコンポートの煮汁 ⋯⋯⋯⋯⋯ 60g

下準備

☐ りんごのコンポート**A**は2cm角に切って、グラスの底に均等に入れ、冷蔵庫で冷やしておく。
☐ 粉ゼラチンは、水30g（分量外）にふり入れ、混ぜてふやかす。
☐ ボウルに氷水を用意する。

作り方

1 りんごのジュレを作る。水を耐熱容器に入れて600Wの電子レンジで50秒加熱し、沸騰させる。ふやかしたゼラチンを加えて混ぜ溶かし、りんごのコンポートの煮汁を2〜3回に分けて加え、泡立て器でその都度混ぜる。容器の底を氷水に当てて混ぜながら冷やし、とろみがついてきたら冷蔵庫に30分以上入れて冷やし固める。

2 りんごのソルベを作る。りんごのコンポート**B**と煮汁をミキサーでピュレ状にし、バットにあけて冷凍庫で2時間以上冷やし固める。途中で数回かき混ぜるか、固まった後フードプロセッサーで撹拌し、再度冷やし固める。

3 準備したグラスに**2**と**1**をスプーンですくって順に重ね入れる。

りんごの生キャラメル

生クリームとはちみつのコク、りんごの甘酸っぱさが口の中で溶け合います。
ついもう一つと手が伸びる、危険なおいしさ。

デザート&ドリンク
dessert and drink

フレッシュ

材料（21×17×深さ3cmのバット1個分）

- りんご（あれば紅玉）……………… 1個
- 植物油 …………………………… 大さじ1/2
- グラニュー糖 ……………………… 100g
- はちみつ …………………………… 30g
- 生クリーム ………………………… 200g
- バニラビーンズ …………………… 1/4本

下準備

- りんごは芯を除いて皮をむき、5mm厚さのいちょう切りにする。
- バニラビーンズは縦半分に切り開き、中から種をしごき出し、さやとともに生クリームに加えておく。
- バットにオーブンシートを敷き込む。

作り方

1. 鍋に植物油を入れて中火にかけ、りんごを加えて炒める。油が全体に回ったら、グラニュー糖、はちみつの順に加え、その都度混ぜる。ふたをせずに中火で8分ほど、りんごがだんだん透き通って飴をまとったようになるまで煮詰める。

2. 鍋肌が少し茶色くなり、りんごもうっすらキャラメル色になったら火を止め、生クリーム、バニラの種とさやを加え混ぜる。

3. 中火で5〜6分煮詰め、粘り気のある状態になったらバニラのさやを取り除く。準備したバットに流し入れ、平らにならす。

4. 粗熱が取れたら冷凍庫で30分冷やし固め、オーブンシートごとバットから取り出して食べやすい大きさにカットする。

りんごのパンケーキ

クリームソテー ▶ p.9

粉を混ぜすぎないことと、弱火で焼くのがふんわり仕上げるポイントです。
りんごのクリームソテーをたっぷりのせて、大満足の朝食に。

材料（2人分〈直径11〜12cmのパンケーキ4枚分〉）

りんごのクリームソテー（➡ p.9）… 200g

A ┬ 薄力粉 … 100g
　├ コーンスターチ … 10g
　├ グラニュー糖 … 25g
　├ ベーキングパウダー … 小さじ1
　└ 塩 … 少々

卵 … 1個
牛乳 … 100g
植物油 … 大さじ1
メープルシロップ … 適量

下準備

□ Aを合わせてふるう。

作り方

1. ボウルに卵を割りほぐし、牛乳を少しずつ加え、フォークでよく混ぜる。

2. Aを別のボウルに入れ、中心にくぼみを作り、**1**の2/3量を加えて泡立て器でゆっくりと混ぜる。粉が半分くらい混ざったら残りの**1**を加え、同様に混ぜる。粉気がほとんどなくなったら、植物油大さじ1を加えてざっくりと混ぜる。混ぜすぎないよう注意。

3. フライパンを強火で熱し、植物油少々（分量外）を回し入れ、ペーパータオルなどで拭き取る。火を止め、フライパンの底をぬれ布巾にサッとのせて温度を均一にする。

4. フライパンを再び弱火にかけ、**2**をレードル2/3杯分ほど流し入れ、ふたをして表面にプツプツと穴が開いてくるまで焼く。裏返して30秒〜1分ほど、中心が少し盛り上がってくるまで焼く。同様にして4枚焼く。

5. パンケーキを2枚ずつ皿に盛り、りんごのクリームソテーを600Wのレンジで10秒ほど温めてのせる。食べる直前にメープルシロップをかける。

アップル
ハニーレモネード

レモンとりんごの爽やかな香りが溶け出した
冬の定番ドリンク。
ホットはもちろん、冷やしていただくのも
おすすめです。

材料 (2杯分)
りんご(あれば紅玉)	1/2個
はちみつ	30g
レモン汁	小さじ2
水	300g

作り方
1. りんごは芯を除き、皮つきのまま5mm厚さのいちょう切りにして耐熱容器に入れる。はちみつとレモン汁を加え混ぜ、5分ほどおく。
2. 水を加えて600Wの電子レンジで3分加熱する。

アップルホットワイン

フルーティで飲みやすく、
身体の芯までポカポカと温めてくれます。
保温ポットに入れれば、
キャンプやピクニックでも楽しめます。

材料 (2杯分)
りんご(あれば紅玉)	1/4個
赤ワイン	200g
シナモンスティック	1本
グラニュー糖	15g
はちみつ	10g

作り方
1. りんごは芯を除き、皮つきのまま5mm厚さのいちょう切りにして耐熱容器に入れる。残りの材料を加えて600Wの電子レンジで3分加熱する。

コンポート ▶p.7

アップル
ビネガードリンク

コンポートの甘味とりんご酢の酸味がマッチ。
とっても簡単なのに、りんごの香りが
存分に楽しめるドリンクです。

材料（2杯分）
りんごのコンポート（➡p.7）の煮汁
……………………………………… 180g
りんご酢 …………………………… 大さじ1
炭酸水または水 …………………… 150g

作り方
1　材料をすべて混ぜ合わせる。

アップルラッシー

爽やかなラッシーも、コンポートの煮汁と
ヨーグルトを混ぜるだけででき上がり。
マイルドな甘味が刺激のある料理に最適。

材料（2杯分）
りんごのコンポート（➡p.7）の煮汁
……………………………………… 150g
プレーンヨーグルト ……………… 150g

作り方
1　材料をすべて混ぜ合わせる。

デザート&ドリンク
dessert and drink

アップルジンジャーエール

しょうがのピリッとした辛さと、
炭酸ののど越しが刺激的。
りんごの甘みが加わって、
グイグイ飲み干してしまいそう。

材料（2杯分）
りんごのコンポート（➡p.7）の煮汁
　　　　　　　　　　　　　　　150g
しょうがの搾り汁　　　　　 小さじ1
炭酸水　　　　　　　　　　　 150g

作り方
1　材料をすべて混ぜ合わせる。

アップルアールグレイ

香り高いアールグレイティーに
りんごの風味が溶け込み、
くつろぎの時間にぴったりの一杯です。

材料（3杯分）
りんごのコンポート（➡p.7）の煮汁
　　　　　　　　　　　　　　　100g
ティーバッグ（アールグレイ）　 3袋（6g）
A ┌ 水　　　　　　　　　　　 250g
　└ グラニュー糖　　　　　　　 40g
氷　　　　　　　　　　　　　 150g

作り方
1　ティーバッグの茶葉を袋から出し、Aと合わせて耐熱容器に入れ、600Wの電子レンジで3分加熱する。こして氷を加え混ぜ、コンポートの煮汁も加え混ぜる。

◆ 本書で使う道具

A. 泡立て器
泡立て部分の本数が多く、柄がしっかりしているものがよいでしょう。小さいボウルで少量の材料を混ぜる際は、小さい泡立て器があると便利です。

B. ふるい
粉類をふるうために使います。目の細かい持ち手つきのざるが便利です。

C. ボウル
ステンレス製のボウルを大小(直径15〜22cm程度)そろえておくと便利です。レシピによっては耐熱のボウルを使用することもあります。

D. グレーター
食材を細かくおろすための道具。レモンなど果物の皮をすりおろすときに使います。

E. 麺棒
生地を延ばすために使います。木製のものが手になじみやすくおすすめです。

F. はかり
容器の重さを自動的に引けるデジタルスケールがおすすめです。

G. 計量スプーン
3種類あると便利です。大さじ1は15ml、小さじ1は5ml、小さじ1/2は2.5ml。

H. カード
生地を混ぜたり、平らにならしたりする際に使用します。

I. ゴムべら
シリコン製のゴムべらを使用しています。生地を混ぜたり、型に流し込んだりするときには、長さ24cm、ジャムなどの瓶や容器から中身を取り出す際などには、長さ15cmのものが便利です。

J. りんごの芯抜き
りんごの芯を手早く除くことができ、便利です。

K. お菓子の型
本書では、マフィン型、マドレーヌ型、パウンド型、タルト型などを使用します。

L. ケーキクーラー
焼き菓子を冷ますために使います。脚つきで、直径30cmほどの大きさがあるものがよいでしょう。

◆ 本書で使う材料

A. 薄力粉
お菓子作りで一般的に使われる小麦粉です。粘り気が少なく、軽い食感に仕上がります。本書では「特宝笠」を使用しています。

B. 植物油
サラダ油、ごま油(焙煎していないもの)、なたね油など。くせのない油なら手に入りやすいものでかまいません。

C. 砂糖(グラニュー糖、きび砂糖)
本書では2種類の砂糖を使用しています。グラニュー糖は、すっきりとした甘みが特徴。きび砂糖は風味が豊かで、お菓子にコクを加えます。

D. 卵
本書では、Mサイズ(正味50〜55g)の卵を使用しています。

E. スパイス
シナモンやジンジャー、クローブ、ナツメグなど。ピリッとした香りがりんごの風味を引き立てます。

F. 塩
混ざりやすいよう、粒の細かいものを使用しましょう。

G. シナモンスティック
香りをしっかりつけたいときは、スティックのまま煮出して使用します。飾り付けに使うことも。

H. バニラビーンズ
さやの中の黒い種を取り出して使います。濃厚な甘い香りが特徴。

I. カルバドス
りんごを原料とした蒸留酒。ふくよかで華やかな香りが広がります。

J. ラム酒
さとうきびを原料とした蒸留酒。風味豊かな香りと深みのある味わいで、お菓子作りによく使われます。

K. メープルシロップ
サトウカエデ等の樹液を原料としたシロップ。独特の香りが特徴で、お菓子にコクと風味を加えます。

L. はちみつ
お菓子を風味よく、しっとりとした食感に仕上げるために使います。本書では主にアカシアのはちみつを使用しています。

M. ベーキングパウダー
焼き菓子を膨らませるために使用する膨張剤。多量に使うと苦味が出るため、きちんと計量して使います。

PROFILE

吉川文子
よしかわ・ふみこ

1995年より自宅で洋菓子教室を主宰。1999年NHK「きょうの料理大賞」にてお菓子部門賞受賞。伝統的なお菓子をベースに、新しいエッセンスも盛り込みながらオリジナルレシピを紹介している。また、雑誌や書籍で"バターを使わないお菓子"を提案し、人気を博している。

STAFF

撮影	市瀬真以（スタジオダンク）
取材	吉本小雪
企画・スタイリング	木村遙（スタジオダンク）
デザイン	菅沼祥平、山田素子（スタジオダンク）
校正	株式会社円水社
企画・編集	小林謙一（コンセント）
編集部	北野智子
食材協力	TOMIZ（富澤商店） https://www.tomiz.com/ 電話 0570-00-1919

バターなしでもとびきりおいしい
りんごのお菓子レシピ

発行日　2016年12月5日　初版第1刷発行
　　　　2023年11月10日　　　　第5刷発行

著者　吉川文子
発行者　竹間 勉
発行　株式会社世界文化ブックス
発行・発売　株式会社世界文化社
　〒102-8195
　東京都千代田区九段北4-2-29
　電話 03-3262-5118（編集部）
　　　 03-3262-5115（販売部）

印刷・製本　株式会社リーブルテック
DTP製作　株式会社明昌堂

©Fumiko Yoshikawa, 2016. Printed in Japan
ISBN 978-4-418-16343-4

落丁・乱丁のある場合はお取り替えいたします。
定価はカバーに表示してあります。
無断転載・複写（コピー、スキャン、デジタル化等）を禁じます。
本書を代行業者等の第三者に依頼して複製する行為は、たとえ個人や家庭内の利用であっても認められていません。